Der Autor Mark-Oliver Scholz ist Rechtsanwalt, seit 2001 auch Notarvertreter in Stuttgart und hat langjährige Erfahrung auf dem Immobiliensektor. Er publiziert interdisziplinär in verschiedenen Verlagen.

Mark-Oliver Scholz

# Immobilienrecht für Makler

Vorsprung durch Wissen beim Immobilienkauf

www.tredition.de

Immobilienrecht für Makler
Vorsprung durch Wissen beim Immobilienkauf



Verlag: tredition GmbH, Mittelweg 177, 20148 Hamburg
Printed in Germany
ISBN: 978-3-8424-9498-5



Bibliografische Information der Deutschen Nationalbibliothek:
Die Deutsche Nationalbibliothek verzeichnet diese Publikation in der Deutschen Nationalbibliografie; detaillierte bibliografische Daten sind im Internet über http://dnb.d-nb.de abrufbar.

# Inhalt

# Vorwort

Immobilienmakler können bei den Kunden glänzen, wenn Sie vor dem Beurkundungstermin des Immobilienkaufs auf die am häufigsten auftretenden Fragen leicht und locker antworten können. Außerdem sparen Sie sich selbst viel Ärger.

Umgekehrt kann Unwissen sogar die ganze Beurkundung zunichtemachen und den Kauf verhindern. Das ist sicherlich das Letzte, was Sie nach langwieriger Vermarktung eines Objektes und unzähligen Besichtigungsterminen erreichen wollen. Und Sie wissen ja, die am schwierigsten zu vermarktenden Objekte haben hinterher auch immer die kompliziertesten Käufer.

Je nach Ihrem Wissensstand, wird Ihnen das eine oder andere in diesem Ratgeber als vollkommene Selbstverständlichkeit vorkommen. Ärgern Sie sich dann nicht, denn das ist ein gutes Zeichen. Glauben Sie mir, es gibt Kollegen von Ihnen, die selbst die grundlegendsten Dinge nicht beherrschen.

Wenn Sie dieses Buch in Händen halten, sind Sie wohl zumindest der Auffassung, dass Sie mehr für Ihr Kaufvertragswissen tun könnten.

Ich will diesem Tatendrang auch nicht länger im Weg stehen – los geht's!

## Zum Umgang mit diesem Buch

Es ist gut und hilfreich, ungefähr über einen Kaufvertrag Bescheid zu wissen. Allerdings ist ein Immobilienmakler kein Rechtsberater. Das sollte er auch gar nicht sein wollen, denn dadurch würden sich Haftungsmöglichkeiten eröffnen, die er gar nicht haben wollte – und seine Haftpflichtversicherung schon gleich zweimal nicht.

Dennoch kann es nicht schaden, grundsätzlich über die wesentlichen Bestimmungen eines Immobilienkaufes Bescheid zu wissen. Dieser Ratgeber soll Ihnen diesen Überblick schnell verschaffen, damit Sie in Zukunft schon aus der Entfernung abschätzen können, ob es irgendwelche Probleme geben wird oder alles höchst geschmeidig läuft.

Dieser Kurzratgeber kann jedoch niemals bei konkreten Problemen den Rat eines Profis ersetzen, sondern nur einen Überblick geben (daher die Bezeichnung „Kurzratgeber“). ;-)

# Die Nebenkosten des Kaufs

Die vom Käufer durch Sie gefundene Immobilie ist für diesen zwar an sich schon teuer genug. Aber er weiß oder sollte jedenfalls wissen, dass jeder, der etwas mit dem Kauf zu tun hat, schließlich auch etwas verdienen muss.

Es kann dann nicht schaden, wenn man weiß, wie viel der Käufer hinzuaddieren muss.

## Die Grunderwerbsteuer

Der größte Brocken ist dabei in den meisten Bundesländern die Grunderwerbsteuer (nicht zu verwechseln mit der Grundsteuer). Diese beträgt je nach Bundesland zwischen 3,5 % und 5 % des Kaufpreises. Diese muss **immer** bezahlt werden, wenn man die Immobilie nicht gerade in der Familie kauft und in diesen Fällen wird kein Makler eingeschaltet sein, ist für Sie also ohne Belang.

## Notar- und Grundbuchkosten

Auch der Notar, bei dem der Kaufvertrag beurkundet wird und das Grundbuchamt, bei dem das Grundbuch für die Immobilie geführt wird, erheben für ihre Leistungen amtliche Gebühren. Diese sind in der gesamten Bundesrepublik identisch und zwar bei jedem Notar und bei jedem Grundbuchamt. In der Summe bewegen sich diese bei ca. 1,5 % des Kaufpreises. Auch diese Kosten fallen **immer** an. Falls Ihr Kunde es genauer wissen will, kann er im Internet diverse Notarkostenrechner finden, in welche der individuelle Kaufpreis eingegeben werden kann.

## Maklergebühren

Nun kommen wir zum für Sie wichtigsten Teil, über den Sie sicherlich schon aufgeklärt haben und auch eine entsprechende Vereinbarung unterzeichnen ließen.

Einige Makler fahren auch gut mit der Methode der mündlichen Vereinbarung der Courtage. Dass dies ins Auge gehen kann, muss ich Ihnen sicherlich nicht erklären. Zwar ist auch die mündliche Vereinbarung wirksam, jedoch haben Sie im Zweifel ein dickes Beweisproblem.

## Sonstige Kosten

Darüber hinaus fallen natürlich noch weitere Kosten an, wie etwaige Gutachterkosten. Hinzuzuzählen sind auch die Kosten für die Finanzierung, wie Sonderzahlungen, Beurkundungsgebühren für einzutragende Grundschulden (siehe nächstes Kapitel) und alle sonstigen Kosten, die der Käufer im Zusammenhang mit der Immobilie verursacht.

Wie Sie wissen, kommen Kunden teilweise auf die abstrusesten Ideen, warum eine Leistung eines Dritten gratis sein sollte. Es kann nie schaden, darauf hinzuweisen, dass jeder auch etwas daran verdienen muss. Dann gibt es diesbezüglich keine Beschwerden.

## Kaufpreisfinanzierung

Gelegentlich kommen auf den Immobilienmakler auch Fragen nach der Finanzierung zu. Dies können einerseits Fragen nach günstigen Konditionen, andererseits allerdings auch Fragen nach dem Procedere der Finanzierung sein.

Ersteres ist primär vom Eigenkapital und den Beziehungen zum finanzierenden Kreditinstitut abhängig.

Die Abwicklung der Finanzierung ist jedoch in aller Regel immer gleich. Denn jede Bank will sich mit allen ihr zustehenden Sicherungsmechanismen gegen einen Ausfall des Käufers sichern.

Zunächst besteht eine solche Finanzierung aus Unmengen Papierkram, nämlich dem Darlehensvertrag, den Grundschuldbestellungsformularen, der Sicherungsvereinbarung, sonstigen Sidelettern und Anschreiben der Bank.

Wichtigstes Instrument der Finanzierung ist der Darlehensvertrag (auch Kreditvertrag genannt), der jedoch ohne Sicherungsvereinbarung und Grundschuldbestellung nicht sinnvoll bestehen kann. Also sind alle drei Elemente wichtig.

Im Darlehensvertrag sind die Konditionen des Kredits, also Laufzeit, Zins und Vertragspartner enthalten. Die Sicherungsvereinbarung beinhaltet den Zweck der einzutragenden Grundschuld, welcher erst einmal der Zweck der Sicherung des neuen Darlehens ist.

Wenn das Darlehen abbezahlt ist oder umfinanziert wird, kann der Sicherungszweck ein ganz anderer werden, dies kann uns jedoch im Moment egal sein.

Sicherungszweck ist immer erst einmal der Zweck der Darlehensabsicherung.

## Finanzierungszusage

Ist ein Kreditinstitut gefunden, bietet es sich für Sie und auch zur Sicherung des Verkäufers an, von dieser Bank eine *Finanzierungsbestätigung* einzufordern.

Bitten Sie also den Käufer, eine solche zu organisieren.

Überbewerten Sie jedoch bitte nicht den Aussagegehalt einer solchen Finanzierungsbestätigung.

Erstens bedeutet diese nicht, dass der Käufer auch tatsächlich abschließt.

Zweitens sagt die Bestätigung nur aus, dass, wenn nichts dazwischen kommt und der Käufer tatsächlich kauft und wenn er nicht gelogen hat und es sich die Bank nicht anders überlegt, der Kaufpreis (teilweise) finanziert werden **kann** – nicht muss.

Wie Sie sehen, ist die Finanzierungszusage ein stumpfes Schwert. Aber in der Regel wird ein Käufer, der sich ernsthaft interessiert und eine Finanzierungszusage der Bank vorzeigt, wohl keinen Rückzieher mehr machen. Er ist in seiner Kaufentscheidung viel zu weit fortgeschritten.

Die Finanzierungszusage ist also immer ein gutes Indiz zum einen für die Bonität des Käufers, als auch für die Wahrscheinlichkeit, dass das Geschäft zum Abschluss kommt.

Sie geben dem Verkäufer außerdem ein gewisses Gefühl von Sicherheit, dass er auch zu seinem Kaufpreis kommt. Versprechen Sie aber bitte nichts, das Sie selbst nicht beeinflussen können.

Erst mit Leistung der Unterschriften beim Notar, können Sie sichergehen, dass auch alles klappt und der Vertrag tatsächlich zustande gekommen ist.

## Grundschulden und Schuldanerkenntnis

Die zugesagten Gelder rückt die Bank allerdings, wie bereits weiter oben angesprochen, nicht ohne weiteres heraus. Sie benötigt dafür ein Pfand. Und da Ihr potentieller Käufer meistens nicht über ein so wertvolles Pfand verfügt, hat es sich eingebürgert, die zu kaufende Immobilie zu beleihen, also der Bank im Grundbuch Rechte einzuräumen, damit diese im Notfall die Immobilie versteigern kann.

Die Bank gibt dem Käufer deshalb nur dann Geld, wenn sie ein solches *Pfandrecht*, eine *Grundschuld,* am Grundstück bzw. der Immobilie eingetragen bekommt.

Dies ist eine einfache Grundschuld. Diese muss nur notariell beglaubigt, nicht beurkundet werden. Der Unterschied zwischen Beglaubigung und Beurkundung ist, ob der Notar die Urkunde vorlesen muss oder ob sie einfach nur beim Notar unterschrieben werden muss.

**Merke:** **Beurkundung = vorlesen**

**Beglaubigung = nicht vorlesen**

Ist in dem Bankformular kein Wort von *Schuldanerkenntnis* oder *Unterwerfung unter die sofortige Zwangs-*

*vollstreckung* zu lesen, muss die Urkunde nicht vorgelesen werden.

Dies ist allerdings der seltenere Fall. Viel häufiger ist folgende Variante.

Die Bank versucht sich nämlich viel lieber auch noch dadurch zu sichern, dass ihr der Käufer versprechen muss, neben dem Grundstück auch mit dem sonstigen Vermögen zu haften, also mit Arbeitseinkommen, Barvermögen und allem, was ein Gerichtsvollzieher sonst noch so beim Käufer pfänden könnte. Dies ist das sogenannte *Schuldanerkenntnis mit Zwangsvollstreckungsunterwerfung*.

Das klingt für den unbedarften Kunden erst einmal, als müsste man sein eigenes Todesurteil unterschreiben. Bei Licht betrachtet, ist es jedoch verständlich, dass die Banken versuchen, sich so gut wie möglich gegen den Ausfall zu sichern.

Die Geldinstitute treten mit dem Gesamtbetrag in *Vorleistung* und können nur darauf hoffen, dass der Gesamtbetrag im Laufe der Jahre zurückbezahlt wird. Sich nur darauf zu verlassen, dass die *Zwangsversteigerung* alle Kosten wieder einspielt, ist zu risikoreich. Die Bank gibt einem eben nur dann Geld, wenn sie sich sicher ist, es auch irgendwann einmal zurückzubekommen.

Wie bereits angedeutet, gibt es für die Grundschuldbestellung eigentlich immer einen Vordruck der Bank, der Ihnen übersendet wird. Dieser sollte dem Notar vor der Beurkundung des Kaufvertrages übersendet oder spätestens zum Termin mitgebracht werden, damit die Grundschuldbestellung für die Bank gleich mit beurkundet werden kann. Ansonsten muss in der Regel zumindest der Käufer noch einmal zum Notar. Weisen Sie ihn darauf hin – er wird Ihnen für diesen Tipp dankbar sein. Er spart sich Zeit und Mühen.

In dieser weiteren Urkunde steht dann, welchen Betrag die Bank im Grundbuch eingetragen bekommt und welchen Zinssatz sie beanspruchen kann, wenn aus der Grundschuld vollstreckt wird, also das Grundstück oder sonstiges Eigentum gepfändet werden sollte.

Ihre Kunden werden regelmäßig erschrecken, wenn sie im Formular von einem Zinssatz von 15 % oder mehr lesen. Das ist **nicht** der Zinssatz des Darlehens, sondern nur zur Kostendeckung in der Zwangsvollstreckung gedacht. So soll nur sichergestellt werden, dass die Kosten der Zwangsversteigerung gleich mit vollstreckt werden können.

Auch hier können Sie beruhigend auf den Kunden eingehen und mit Wissen punkten.

# Ein Grundbuch richtig lesen

In aller Regel hat Ihr Kunde noch nie oder wenn überhaupt, vor Jahren oder Jahrzehnten eine Immobilie gekauft. Viele Bürger haben nicht den Hauch eines Schimmers, dass sie nicht einfach zum Notar gehen, Geld auf den Tisch knallen und dann als Eigentümer des Objekts nach Hause gehen können.

Vorab: Dass Besitz und Eigentum nicht das Selbe sind sollte eigentlich bekannt sein – aber was vergisst man nicht so alles im Laufe des Lebens.

Ich werde deshalb im Laufe dieses Buches auch auf deren Unterscheidung eingehen. Zunächst jedoch zu dem, was das Grundbuch leisten kann.

## Bestandsverzeichnis

Zuerst ist im Grundbuch nicht vermerkt, wer der Eigentümer ist, sondern um welches Objekt es sich überhaupt handelt, in welcher Gemeinde es liegt, welche Flurstücknummer ihm zugeteilt wurde, wie die Straße heißt, welche Hausnummer das Objekt hat, wie groß es ist etc.

Man sollte die Beschreibungen allerdings nicht für bare Münze nehmen, denn manchmal haben sich mittlerweile Straßenname und Hausnummer geändert oder ist vom Baurechtsamt das Nutzen zu Wohnzwecken erlaubt, obwohl davon nichts im Grundbuch steht. Solange niemand die Berichtigung des Grundbuchs beantragt, bleibt die Eintragung falsch. Doch mal ehrlich: wen stört das schon.

Auf der nächsten Seite sehen Sie, wie ein sogenannte *Bestandsverzeichnis* eines Grundbuches aussieht.

In unserem Beispielfall handelt es sich um ein Teileigentumsgrundbuch, also z.B. einer Ladeneinheit oder eines Tiefgaragenstellplatzes. Ein Wohnungsgrundbuch sieht allerdings genauso aus – es heißt nur anders.

| Amtsgerichtsbezirk | Grundbuchamt | Grundbuch von | Nummer | Bestandsverzeichnis Einlegeblatt |
|---|---|---|---|---|
| Musterstadt | Musterstadt-Neustadt | Neustadt | 10000 | 1 |

| Lfd.Nr. der Grundstücke | Bish. lfd.Nr. der Grd.st. | Bezeichnung der Grundstücke und der mit dem Eigentum verbundenen Rechte | | | Größe | | |
|---|---|---|---|---|---|---|---|
| | | a) Gemarkung | | | | | |
| | | b) Karte | Flurstück | c) Wirtschaftsart und Lage | ha | a | m² |
| 1 | 2 | 3 | | | 4 | | |
| 1 | | 150/1000 Miteigentumsanteil an dem Grundstück | | | | | |
| | | NO 2908 | 100/3 | Musterstr 39<br>Gebäude- und Freifläche | | 4 | 28 |
| | | verbunden mit dem Sondereigentum an der im Aufteilungsplan mit **Nr. 1** bezeichneten Teileinheit (Erdgeschoss). | | | | | |
| | | Für jeden Miteigentumsanteil ist ein besonderes Grundbuch angelegt (Nr. 10000 bis Nr. 10009). | | | | | |
| | | Der hier eingetragene Miteigentumsanteil ist durch die zu den anderen Miteigentumsanteilen gehörenden Sondereigentumsrechte beschränkt. | | | | | |
| | | Wegen Gegenstand und Inhalt des Sondereigentums wird auf die Bewilligung vom 10.12.2011 Bezug genommen. | | | | | |
| | | Eingetragen am 01.01.2012 | | | | | |

Seite 3 von 10

Zunächst einmal muss sichergestellt sein, dass derjenige, der die Immobilie verkauft auch der Eigentümer ist. Dies ist viel öfter nicht der Fall, als man so denken mag. Oft sind noch die Großeltern eingetragen, die das Haus vererbt haben, dieses aber noch nicht im Grundbuch umgeschrieben ist oder es gehört der Schwester, Mutter, Ehefrau. Gerade letzteres kommt häufiger vor.

Dies ist allerdings alles kein Beinbruch. Wenn Sie diese Komplikation jedoch früh erkennen, können Sie sich und Ihrem Kunden Zeit und auch Nerven sparen.

## Der Eigentümer

In Abteilung 1 des Grundbuches steht der Eigentümer. Dies kann eine Person sein oder noch der Bauunternehmer, eine Erbengemeinschaft oder sonst wer.

Man kann am Grundbuch erkennen, wann der Eigentümer eingetragen wurde und vor allem ist auch dessen Identität nachprüfbar.

Aus diesem Grund sind Grundbücher auch nicht öffentlich zugänglich. Sie dürfen nur von jemandem eingesehen werden, der ein sogenanntes *berechtigtes Interesse* nachweisen kann. Es geht nämlich niemanden etwas an, wem ein Grundstück gehört und wie er dieses Grundstück belastet hat.

Seien Sie hier also stets vorsichtig mit der Preisgabe von Daten. Auf der folgenden Seite sehen Sie eine solche erste Abteilung.

| Amtsgerichtsbezirk | Grundbuchamt | Grundbuch von | Nummer | Erste Abteilung Einlegeblatt |
|---|---|---|---|---|
| Musterstadt | Musterstadt-Neustadt | Neustadt | 10000 | 1 |

| Lfd.Nr. der Eintragungen | Eigentümer | Lfd.Nr. der Grd.st. im Bestandsverzeichnis | Grundlage der Eintragung |
|---|---|---|---|
| 1 | 2 | 3 | 4 |
| 1 | Manfred Muster, geb. 01.01.1990, Musterstadt | 1 | Ersuchen des Amtsgerichts Musterstadt vom 01.01.2012. Eingetragen am 01.01.2012. Musterfrau |

Seite 5 von 10

## Belastungen

Regelmäßig ist das Grundbuch nicht blank wie ein Kinderpopo, sondern mit Diversem belastet.

Hierbei sind die Belastungen zu unterscheiden, gegen die man nichts machen kann, wie zum Beispiel Leitungsrechte der Stadtwerke, Gehrechte des Nachbarn über den gemeinsamen Hof, Nießbrauchs- oder Wohnrechte, Insolvenzvermerke, Sanierungsvermerke und Vormerkungen.

Diese liegen auf dem Grundstück und bleiben da auch. Gleiches gilt für irgendwelche Gehrechte für einen gemeinsamen Gehweg oder Hofraum. Dies wird der Kunde verstehen. Lediglich Nießbrauchs- und Wohnrechte müssen in der Regel von dem, für den sie bestehen gelöscht werden.

Nervös werden Käufer jedoch immer dann, wenn sie erfahren, dass noch Grundschulden auf dem Grundstück eingetragen sind.

Zunächst sind viele Interessenten sogar entrüstet, dass noch Belastungen, vor allem Grundschulden auf dem Grundstück eingetragen sind. „Die kommen da aber noch raus oder?“, wird mit mehr oder weniger zitteriger Stimme gefragt. „Gebiss, Gebiss!“ hätte Heinz Erhardt darauf entgegnet. Meinend, dass die Grundschulden gewiss noch gelöscht werden, wenn das Eigentum umgeschrieben wird. So ist es auch.

Erst dies ist nämlich der Zeitpunkt, wann die Grundschulden regelmäßig gelöscht werden können - mit der Eigentumsumschreibung. Und zwar gleichzeitig. Die

Löschung läuft dann ganz automatisch beim Notar. Weder Verkäufer, noch Käufer haben hierzu etwas zu tun.

Für Sie gilt es, auf den Käufer beruhigend einzuwirken und ihm zu erklären warum eine Löschung erst mit Eigentumsumschreibung erfolgen kann.

Schauen wir uns also einmal eine solche Abteilung 3 des Grundbuches an. In dieser stehen nämlich die Grundschulden, also die Belastungen, die (fast immer) gelöscht werden müssen.

| Amtsgerichtsbezirk | Grundbuchamt | Grundbuch von | Nummer | Dritte Abteilung Einlegeblatt |
|---|---|---|---|---|
| Musterstadt | Musterstadt-Neustadt | Neustadt | 10000 | 1 |

| Lfd.Nr. der Eintra-gungen | Lfd.Nr. der bel. Grundstücke im Bestands-verzeichnis | Betrag | Hypotheken, Grundschulden, Rentenschulden |
|---|---|---|---|
| 1 | 2 | 3 | 4 |
| 1 | 1 | 85.000,00 EUR | Fünfundachtzigtausend Euro **Grundschuld ohne Brief** mit 15% Jahreszinsen für<br>**Musterbank AG Musterstadt.**<br>Sofort vollstreckbar nach § 800 ZPO.<br>Bezug: Bewilligung vom 01.01.2012 (Notar Musternotar UR-Nr. 0001/2012)<br>Eingetragenam 01.01.2012<br>Musterfrau |

Seite 9 von 10

Bei der vorliegenden Grundschuld handelt es sich um eine sogenannte Buchgrundschuld. Dies erkennt man an dem Zusatz „ohne Brief“. Fehlt dieser Zusatz, dann muss es zu dieser Grundschuldbestellung auch einen sogenannten Grundschuldbrief geben. Immer.

Normalerweise liegt dieser bei der Bank, die damals die Grundschuld bestellt hat.

Ein erhebliches Problem kann sich jedoch ergeben, wenn der Grundschuldbrief schon an den Verkäufer gesendet wurde. Dies ist sehr oft bei alten Grundschulden der Fall, die schon lange abbezahlt wurden.

Der Normalbürger hat dann nach Abzahlung des Kredits im Jahr 1994 die Unterlagen von der Bank zugeschickt bekommen, einschließlich des Briefes. Bei der großen Aufräumaktion im Jahr 2004 sind die zunächst ordentlich abgehefteten Unterlagen dann ins Altpapier gewandert. Der Verkäufer hatte die Unterlagen zwar gesichtet, jedoch als Müll identifiziert, da der Kredit ja schon vor 10 Jahren abbezahlt wurde.

Ein großer Fehler.

Denn im Grundbuch steht immer noch die alte Grundschuld. Und diese kann man nur löschen lassen, wenn man auch den Brief dazu besitzt und beim Grundbuchamt vorlegen kann. Ansonsten könnte ja jeder kommen...

Den Brief gibt es aber nicht mehr. Wir erinnern uns, dass bereits im Jahr 2004 daraus Toilettenpapier oder Umzugskartons gemacht wurden.

Für solche Fälle gibt es das sogenannte *Aufgebotsverfahren.* Dieses hat nichts mit einer Hochzeit zu tun, sondern es handelt sich um das gerichtliche Verfahren, bei dem der verschwundene Brief für kraftlos erklärt wird.

Das Ganze dauert allerdings mindestens ein halbes Jahr. Vorher kann die Grundschuld nicht gelöscht werden.

Sobald Sie also von Grundschulden Kenntnis haben die abgezahlt sind, sollten Sie den Verkäufer bitten, sich auf die Suche nach den Briefen zu machen. Falls diese fehlen, können frühestmöglich entsprechende Maßnahmen eingeleitet werden.

Es wäre nicht das erste Mal, dass ein Käufer abspringt, weil die lastenfreie Übertragung nicht sichergestellt ist.

Nur in den seltensten Fällen können alte Grundschulden übernommen werden. Hierfür müssen diese von der alten Bank an die finanzierende Bank abgetreten werden. Dies ist jedoch aus verschiedenen Gründen etwas aus der Mode gekommen.

Wird die Grundschuld dennoch einmal abgetreten, sollten Sie vorschlagen, dass die Kosten hierfür zwischen Verkäufer und Käufer geteilt werden. Denn der Verkäufer spart die Kosten für die Löschung der alten Grundschuld(en) und der Käufer spart die Kosten für die Neubestellung.

So ist es nur fair, wenn sich an der Abtretung beide Parteien finanziell beteiligen. Dieser Vorschlag wird von beiden Seiten auch immer als fair empfunden.

Ein Grundbuch zu verstehen und die entsprechenden Schlüsse aus den Eintragungen zu ziehen ist also kein Hexenwerk.

Wir rekapitulieren kurz zum Grundbuch:

- **Bestandsverzeichnis: Genaue Bezeichnung des Gegenstandes**
- **Abteilung 1: Eingetragener Eigentümer**
- **Abteilung 2: Beschränkungen des Grundstücks (meist nicht löschbar)**
- **Abteilung 3: Grundschulden (müssen meist gelöscht werden)**

## Der Urkundsentwurf und der Lieblingsnotar

Wenn nun die notarielle Beurkundung des Kaufvertrages ansteht, gilt es, einen Notar mit der Fertigung eines Urkundsentwurfs zu beauftragen.

Lassen Sie sich hierzu aber unbedingt einen schriftlichen Auftrag geben. Denn derjenige, der den Notar beauftragt, muss die Kosten des Entwurfs im Falle des Scheiterns des Kaufs tragen.

Ich halte es für sinnvoll, hierfür Ihren Lieblingsnotar vorzuschlagen. Der kennt Sie und ist mit Ihren Eigenheiten vertraut. In keinem Fall dürfen Sie den Parteien jedoch einen Notar aufzwingen. In der Regel zahlt der Käufer die Notarkosten, also darf er sich diesen auch aussuchen. Es macht auch einen Eindruck der Vetternwirtschaft, wenn Sie zu sehr auf Ihrem Notar beharren.

Meistens haben die Parteien allerdings gar keine Vorstellung, zu welchem Notar sie gehen könnten. Es ist ihnen auch oft egal, da die Preise der Notare, da es sich um amtliche Gebühren handelt, immer und überall gleich sind.

In der Qualität der Leistungen unterscheiden sie sich jedoch ganz erheblich. Es gibt Notare, die einen Vertrag vor und in der Beurkundung ausführlichst erklären, so dass auch ein ganz normaler Mensch diesen verstehen kann. Wir haben hierfür zur Vorabaufklärung einen FAQ-Katalog, der die häufigsten Fragen und Antworten beinhaltet und wir halten es auch für sinnvoll, sämtliche

Fragen der Beteiligten vor der Beurkundung zu klären. Dies führt zu einer schnelleren Beurkundung und die Beteiligten wissen vor allem genau, was sie tun.

Im Termin wird bei uns jede Klausel, die nicht aus sich heraus einfach verständlich ist, genau erklärt. Ich werde hierfür nach meinen Beurkundungen, die ich vornehme von den Parteien fast überschwänglich gelobt. Es kommt nämlich auch vor, dass ein Notar den Vertrag in Lichtgeschwindigkeit herunter rattert und man als unbedarfter Käufer hinterher das Gefühl hat, überhaupt nicht zu wissen, was man denn da gerade unterschrieben hat.

Das halte ich nicht für sonderlich fair gegenüber den beteiligten Personen. Denn man muss sich vergegenwärtigen, dass Immobilienkäufe zu den seltensten Tätigkeiten Ihres Kunden gehören.

Sollten Sie keinen Lieblingsnotar haben, suchen Sie sich einen, der Ihnen zusagt und tauschen Sie sich auch mit Kollegen aus.

In der Regel sind die Vertragsparteien über einen guten Tipp dankbar.

# Der Kaufvertrag

Nachdem der Notar ausgesucht ist, nehmen Sie mit diesem Kontakt auf und bitten um die Übersendung eines Entwurfes des Kaufvertrages, damit Sie diesen lesen und prüfen können. Häufig wollen Ihre Kollegen die Entwürfe persönlich den Kunden übermitteln. Dies halte ich für praktikabel, außerdem verkaufen Sie damit eine Leistung, die Ihnen eigentlich gar keine Mühe macht.

Aber noch einmal Vorsicht! Die Fertigung des Entwurfs löst bereits erhebliche Gebühren beim Notar aus (die Hälfte der Kosten des gesamten Kaufvertrages!). Falls der Kauf nicht zustande kommt, hat der Notar dennoch den Anspruch auf diese Gebühren. Und die darf (und muss) er bei demjenigen eintreiben, der den Auftrag gegeben hat.

Sie sollten also auf keinen Fall einfach mal so einen Notar ins Blaue hinein beauftragen, einen Kaufvertragsentwurf zu fertigen. Das kann teuer werden.

Denken Sie beim Versprechen eines zeitnahen Beurkundungstermins auch an Folgendes:

Ist der Verkäufer ein *Unternehmer* und nicht *Verbraucher*, dann muss dem Verbraucher ohnehin zwei Wochen Zeit geben werden, den Notarvertrag genauestens zu studieren (§ 17 Abs. 2a Beurkundungsgesetz). Vor Ablauf dieser Frist darf regelmäßig nicht beurkundet werden.

Hierdurch soll umgangen werden, dass der Käufer von Profis zum Kauf gedrängt wird und keine Überrumpelungswirkung erzielt werden kann.

Grundsätzlich kann zwar bei der Beurkundung nichts anbrennen. Der Notar muss nämlich alle Beteiligten darauf hinweisen, wenn etwas Ungewöhnliches im Vertrag steht. Da die Klauseln jedoch teils sehr schwierig zu verstehen sind, erkläre ich diese in der Folge und Ihr Kunde kann sich mit seinen Fragen vertrauensvoll an Sie wenden und Sie können dann darauf sicher antworten.

Ist der Verkäufer also Unternehmer, sollten Sie einen Vertragsentwurf alsbald an den Kaufinteressenten herausgeben, damit die 2-Wochen-Frist gewahrt ist. Sie wollen doch schließlich alsbald zum Abschluss kommen.

Im Übrigen ist es im umgekehrten Fall genauso. Ist der Verkäufer Verbraucher und der Käufer Unternehmer, dann muss der Verkäufer auch zwei Wochen lang den Vertragsentwurf vorliegen haben. Der Käufer könnte schließlich auch den Käufer übervorteilen.

Gleiches Recht für alle Verbraucher. Aber nun zu dem, was im Vertrag enthalten ist. Die üblichen Klauseln.

# Übliche Vertragsklauseln

Zunächst einmal enthält der Kaufvertrag die Beschreibung des Objektes und die Nennung des Kaufpreises, der dafür zu zahlen ist. Das ist erst einmal das Wichtigste. Was bekomme ich von wem wofür.

In Deutschland sind alle Grundstücke in den jeweiligen Grundbüchern erfasst. Wie man dieses liest, haben Sie gelernt. Gleiches gilt für einzelne Wohnungen. Diese sind in den Wohnungsgrundbüchern verzeichnet.

## Der Grundstücksbeschrieb

Anhand eines Auszuges aus dem jeweiligen *Grundbuch* wird der *Vertragsgegenstand* ermittelt (welches Flurstück, welche Wohnung, die vermessene Größe und auch welche Straße und Hausnummer). Hier gilt es zu vergleichen, ob es sich auch um das richtige Objekt handelt. Wie man ein Grundbuch liest haben Sie ja schon gelernt.

Meistens ist, wie in meinem Mustergrundbuch, die Identität der Immobilie leicht festzustellen, vor allem wenn im *Bestandsverzeichnis* die genaue Adresse und ggf. die Nummer der Wohnung verzeichnet ist. Die Adresse muss z.B. bei Eckhäusern, nicht immer mit dem tatsächlichen, von der Stadt vergebenen Straßennamen und Hausnummern übereinstimmen, so dass in solchen Fällen weitere Nachforschungen angestellt werden müssen, um sicherzustellen, dass das Grundstück im Grundbuch auch tatsächlich dasjenige ist, welches veräußert werden soll.

Stimmen sowohl der Vertragsgegenstand, als auch der vereinbarte Kaufpreis, hat man schon einmal das ganz Wesentliche im Vertrag erfasst, nämlich Leistung und Gegenleistung.

Ist auch klar, welche Belastungen im Grundbuch verbleiben und welche gelöscht werden müssen, sind Sie sogar noch ein Stück weiter.

Denken Sie daran, den Verkäufer nach den Grundschuldbriefen suchen zu lassen. Wenn diese fehlen, muss er schon einmal die Gläubigerbank anschreiben, ob sie noch über diese verfügt. Falls nicht, hilft nur das oben beschriebene Aufgebotsverfahren.

## Mängelhaftung

Wenn eine gebrauchte Immobilie verkauft wird (zum Neubau siehe unten im Kapitel „Der Bauträgervertrag"), muss der Käufer akzeptieren, dass der Veräußerer ihm keine neue Immobilie verkauft, sondern dass diese Gebrauchsspuren hat. Regelmäßig sind die Gebrauchsspuren um so größer und zahlreicher, je älter der Bau ist.

Der Verkäufer will also nur für den tatsächlichen Zustand seines Objektes haften und nicht wie ein Bauträger. Vergleichbar ist dies mit einem Gebrauchtwagenkauf: Ein gebrauchtes Automobil mit 180.000 Kilometern Laufleistung kann niemals im Zustand eines Neuwagens sein. Verschleißteile mussten erneuert werden und sind möglicherweise schon wieder verschlissen, der Lack hat Gebrauchsspuren, wie auch das Interieur.

Nicht anders ist eine gebrauchte Immobilie zu behandeln. Auch diese wird, gleich einem Gebrauchtwagen, wie besichtigt verkauft. Nur die Probefahrt fällt beim Immobilienkauf weg. Die Besichtigung haben Sie ja schon mit dem Käufer erledigt.

Der Verkäufer schließt soweit das gesetzlich zulässig ist, die Haftung für Sachmängel aus (sogenannter *Mängelhaftungsausschluss*). Er haftet also nicht dafür, dass das Gebäude gebraucht ist und sich – je nach besichtigtem Zustand – in mehr oder weniger heruntergewohntem Zustand befindet, die Leitungen nicht unter Putz liegen, das Dach halb abgedeckt ist und sich der Boden vor der Garage im Laufe der Jahrzehnte bedenklich abgesenkt hat.

Die Mängelhaftung kann für solche Mängel aber nur dann ausgeschlossen werden, wenn Sie bei der Besichtigung erkennbar sind oder solche bei einem Haus dieses Baujahres eben zu erwarten sind.

Der Verkäufer haftet auch nicht für Mängel, die er gar nicht kennt, auch wenn sie bei der Besichtigung nicht ohne weiteres erkennbar waren. Falls der Interessent dies nicht einsehen will:

Der Käufer muss sich nur vorstellen, er wäre der Verkäufer, dann würde er auch nur für das einstehen wollen, was er selbst weiß.

Hieraus ergibt sich jedoch eine wichtige Konsequenz: Mängel, die der Verkäufer kennt, darf er auch nicht verschweigen. Und bei Kenntnis haftet er natürlich auch dafür, ganz gleich, was im Vertrag vereinbart war. Er kann aber natürlich auch nur auf solche Mängel hinweisen, die ihm bekannt sind.

Nicht zu verwechseln ist der Fall, dass man bei der Besichtigung einen Mangel übersieht, den der Veräußerer kennt, dieser Mangel jedoch eigentlich jedem hätte auffallen können.

In einem solchen Fall haftet der Verkäufer nicht.

Ganz grob lässt sich die Haftung des Verkäufers so erklären: Alle Mängel, die er verschweigt, die nicht gleich erkennbar sind und jegliche Abweichung von einem Haus vergleichbaren Baujahres und gleicher Bauweise, die ebenfalls nicht gleich erkennbar sind, sind von einem Haftungsausschluss nicht umfasst. Hierfür haftet der Verkäufer.

## Kaufpreisfälligkeit

Was der Käufer für sein Geld bekommt, ist nach der Besichtigung und der Prüfung des Grundbuchs eigentlich klar. Und was er bekommt, muss er natürlich auch bezahlen. Die Frage ist nur wann.

Viele Käufer würden am liebsten sofort im Notartermin einen Geldkoffer auf den Tisch knallen oder direkt danach die Überweisung des gesamten Kaufpreises vornehmen. Woher sollten Sie es auch besser wissen.

Neudeutsch würde man dies „epic fail", also einen Fehler epischen Ausmaßes, nennen. Von einer solchen Prozedur muss immer abgeraten werden.

Dies hat mehrere Gründe:

In Deutschland geht das Eigentum an der Immobilie nicht sofort bei Kaufvertragsunterzeichnung über. Das ist bei uns einfach so geregelt. Der Übergang erfolgt vielmehr erst mit der Umtragung im Grundbuch. Und das kann eine Weile dauern, da hierfür einige Voraussetzungen erfüllt sein müssen.

In der Zeit zwischen Notartermin und Umtragung kann so einiges passieren. Der Verkäufer kann pleitegehen oder gar sterben oder er hat besondere kriminelle Energie und verkauft das Objekt einfach noch einmal.

Ist der Verkäufer pleite, können seine Gläubiger Grundpfandrechte im Grundbuch eintragen und erst wieder löschen lassen, wenn sie auch befriedigt wurden. Der Käufer, der den Kaufpreis sofort bezahlt hat, muss also auch noch die Gläubiger befriedigen, wenn er ein lastenfreies Objekt bekommen will. Diese können solange auch das Grundstück versteigern lassen. Dann steht der Käufer ohne Grundstück, aber mit Schulden da. Dass dieser Fall nicht eintreten darf, liegt auf der Hand.

Gleiches gilt für das Weiterverkaufen. Wenn der Verkäufer direkt nach dem Notartermin bei einem anderen Notar noch einen Kaufvertrag schließt und der neue Vertrag schneller zur Eintragung im Grundbuch kommt, hat der Käufer ebenfalls bereits alles bezahlt und bekommt aber kein Grundstück. Dieses bekommt der Käufer des zweiten Kaufvertrages.

Dies darf natürlich nicht passieren, weshalb es Sicherungsmechanismen gibt, die eine Umsonstzahlung verhindern.

Machen Sie also bitte nie Ihrem Verkäufer den Mund damit wässrig, dass er mit der Zahlung des Kaufpreises sofort nach Beurkundung rechnen dürfe. Dies dauert seine Zeit.

## Sicherungsrechte

Man kann zur Sicherung des Käufers das Grundbuch für alle anderen blockieren durch die sogenannte *Auflassungsvormerkung* (nicht zu verwechseln mit der *Auflassung*). Sobald diese eingetragen ist, kann kein anderer mehr etwas ins Grundbuch eintragen lassen. Kein anderer Käufer und auch kein Gläubiger, der pfänden möchte.

Die Eintragung und auch die spätere Löschung der Auflassungsvormerkung kostet beim Grundbuchamt (nicht beim Notar!) zusätzliche Gebühren, die jedoch stets in Kauf genommen werden sollten.

Nur dann, wenn eine Auflassungsvormerkung im Grundbuch eingetragen ist, kann der Käufer sicher sein, dass der Nächste, der als Eigentümer eingetragen wird auch tatsächlich er ist.

Auf die Auflassungsvormerkung kann nur in den allerseltensten Fällen verzichtet werden. Raten Sie Ihrem Kunden nie dazu, diese wegzulassen. Und sollte er der Auffassung sein, dass er dennoch keine benötige, sollte er dies unbedingt mit dem Notar abklären.

Außerdem muss auch sichergestellt sein, dass die alten Grundschulden, die noch im Grundbuch stehen einfach gelöscht werden können.

Manchmal sind diese, wie oben schon unter dem Thema *Aufgebotsverfahren* angesprochen, schon komplett abbezahlt, das muss jedoch nicht sein. Der Notar schreibt deshalb die im Grundbuch stehende Bank nach dem Kaufvertragsschluss an und bittet diese um Erlaubnis, die Grundschuld löschen zu lassen.

Wenn die Grundschuld bereits abbezahlt ist, übersendet die Bank diese sogenannte Löschungsbewilligung ohne weiteres.

Ist sie erst zu einem Teil abbezahlt, schickt die Bank die Löschungsbewilligung mit der Auflage, dass die Grundschuld zwar gelöscht werden kann, jedoch nur dann, wenn der bei ihr noch offene Betrag auch an sie bezahlt wird.

Dieser Betrag muss dann vom Kaufpreis abgezogen werden. Ein Beispiel:

Der Kaufpreis beträgt € 150.000,--, die Bank bekommt noch € 50.000,-- aus der alten Finanzierung, die nicht abbezahlt ist.

Der Käufer muss dann vom Kaufpreis € 50.000,-- an die Bank und € 100.000,-- an den Verkäufer bezahlen.

Die Eintragung der Auflassungsvormerkung und die Sicherstellung, dass alle Grundschulden gelöscht werden können müssen sinnvollerweise vorliegen **bevor** der Kaufpreis bezahlt wird.

Es gibt auch noch weitere Voraussetzungen, die je nach dem vorliegen müssen, bevor der Kaufpreis bezahlt werden kann.

Beim Grundstückskauf (nicht beim Wohnungskauf) muss die Bescheinigung der Gemeinde vorliegen, dass diese kein Vorkaufsrecht hat oder zumindest keines ausüben will. Die Ausübung eines Vorkaufsrechts kommt sehr selten vor.

Beim Wohnungskauf kann es vorkommen, dass der *Verwalter* des Hauses dem Verkauf *zustimmen* muss. Dies muss dann allerdings im Grundbuch im *Bestandsverzeichnis* (s.o.) vermerkt sein. Hierdurch sichert der Hausverwalter, dass eine Wohnung nicht mit Hausgeldrückständen oder an irgendwelche Personen verkauft wird, von denen zu befürchten ist, dass sie der Hausgemeinschaft schaden. Er darf aber nicht einfach grundlos seine Zustimmung verweigern.

Eine Weigerung kommt auch nur seltenst vor.

## Zwangsvollstreckungsunterwerfung wegen Kaufpreiszahlung

In Norddeutschland - und verzeihen Sie mir als gebürtigem Stuttgarter, dass für mich Norddeutschland bereits in Stuttgart-Nord anfängt – ist es üblich, im Kaufvertrag eine Zwangsvollstreckungsunterwerfung auch wegen der Zahlung des Kaufpreises im Vertrag zu verankern.

Sollte der Käufer nicht pünktlich zahlen, so muss der Verkäufer nicht erst lange vor Gericht auf Kaufpreiszahlung klagen, sondern kann direkt mit dem Kaufvertrag einen Gerichtsvollzieher beauftragen, der den Kaufpreis dann eintreibt.

In Süddeutschland ist dies unüblich. So gesehen ist der Käufer im Süden besser gestellt. Bei uns muss man als Verkäufer zu Gericht gehen, um an seinen Kaufpreis zu kommen. Es ist auch nicht so einfach derartige Klauseln im Vertrag zu verankern, da die Käufer – völlig zurecht – fragen ob dies üblich sei, was natürlich verneint werden muss.

## Anzahlungen

Manchmal möchte der Verkäufer eine Anzahlung auf den Kaufpreis direkt bei Vertragsschluss oder als Gegenleistung für die vorzeitige Schlüsselübergabe haben.

Ich weiß auch, dass einige Ihrer Kollegen ihre Verträge ständig derart abwickeln.

Ich kann allerdings jegliche *Vorleistungen*, die nicht irgendwie abgesichert sind, nicht gutheißen. Erst, wenn der Notar betätigt hat, dass die vorbezeichneten Sicherungsrechte greifen, kann auch nur der erste Cent sicher gezahlt werden. Anzahlungen ohne irgendwelche Gegenleistungen zu tätigen, kann ich deshalb nicht befürworten. Ich hoffe, das war deutlich.

Etwas anderes ist es jedoch, wenn man vereinbart hat, die Immobilie werde zum 1.1. des nächsten Jahres übergeben, der Käufer dürfe aber schon vorab in das Gebäude um Vermessungen vorzunehmen oder mit Handwerkern Begehungen zu machen. Hier kann eine Anzahlung fair und auch sinnvoll sein.

Ansonsten merken Sie sich folgende Grundregel:

Beim Immobilienkauf ist es bei der Kaufpreiszahlung wie beim Bäcker. Jeder legt das, was er zu leisten hat auf die Theke und zwar gleichzeitig.

Dies bedeutet, dass die Kaufpreiszahlung in aller Regel gleichzeitig mit der Besitzübergabe erfolgt, also der alte, nie verkehrte Grundsatz „Geld gegen Ware“.

**Merke: Keine ungesicherten Vorleistungen**

=

**Geld nur gegen Ware**

Beim Bäcker würde die Bäckereifachverkäuferin nicht auf die Idee kommen, erst einmal eine Anzahlung zu verlangen, Sie Ihre Brötchen jedoch erst zehn Minuten später abholen dürfen. Gleiches gilt für die Vergütung der Brötchen. Diese kann auch nicht erst im Laufe des Tages erfolgen. Dies nennt man *Zug-um-Zug-Leistung*.

## Erschließungsbeiträge

Eine weitere Regelung sollte bezüglich der sogenannten Erschließungsbeiträge getroffen werden. Erschließungsbeiträge werden von der Gemeinde unter anderem dafür erhoben, dass die Immobilie außerhalb des Grundstücks an die allgemeinen Leitungen angeschlossen werden, dass die Straße asphaltiert wird und Straßenlaternen installiert werden.

Bei einem Neubau sind diese Leistungen in der Regel mit dem Kaufpreis abgegolten. Bei einer gebrauchten Immobilie dürften die Erschließungsleistungen in den meisten Fällen bereits Jahre oder Jahrzehnte zurückliegen, so dass keine Nachzahlungen zu erwarten sind.

Es kann jedoch nicht schaden, sich bei der Gemeinde zu versichern, ob derzeit noch irgendwelche (Nach-)Zahlungen offen oder zu erwarten sind. Eine etwaige Auskunft kann der Verkäufer schon vorab einholen. Er kann dann sofort, falls die Frage des Interessenten kommt, Entsprechendes mitteilen. Auch dies gibt wieder Pluspunkte beim Interessenten.

## Miet- und Pachtverhältnisse

Im Kaufvertrag muss auch geregelt sein, ob das Objekt vermietet oder unvermietet und geräumt übergeben werden soll. Dieser Punkt ist wichtiger, als er zunächst scheinen mag.

Sofern der Käufer ein vermietetes Objekt erwirbt, denken Sie an die alte Volksweisheit, dass ein „Kauf nicht die Miete bricht“. Das heißt, dass der Käufer beim Kauf einfach der neue Vermieter wird. Dass eine Kündigung des Mietverhältnisses nicht einfach ist, brauche ich gerade Ihnen sicherlich nicht zu erklären. Niemand hat in aller Regel auch bei einem zwar gekündigten aber noch nicht beendeten Mietverhältnis die Gewissheit, ob die Kündigung wirksam war oder ob der Mieter auch tatsächlich bei Ende des Mietverhältnisses auszieht.

Eine Räumungsklage ist äußerst zeit- und vor allem kostenintensiv, da alleine der Gerichtsvollzieher für die Räumung einen deutlich vierstelligen Eurobetrag als Vorschuss verlangen wird. Weisen Sie den Verkäufer darauf hin, dass er Entsprechendes rechtzeitig in die Wege leiten muss, ansonsten sitzen die Parteien beim Beurkundungstermin am Tisch und die Beurkundung scheitert, weil man sich nicht über das Mietverhältnis einigen kann.

Beachten Sie auch, dass wenn das Haus erst nach Mietvertragsschluß mit dem jetzigen Mieter in Wohnungseigentum umgewandelt wurde, dieser ein Vorkaufsrecht besitzt. Er darf die Immobilie also zum selben Preis erwerben, den auch der Käufer zahlen würde. Ob er dieses *Vorkaufsrecht* ausübt, sollte vorher abgeklärt werden.

Denken Sie auch daran, dass dann keine Maklerprovision entsteht, wenn der Vorkaufsberechtigte statt Ihrem Kunden kauft. Warum? Weil Sie mit dem Vorkaufsberechtigten keinen Vertrag haben und Ihr Vertragspartner gar nicht kauft.

In solchen Fällen ist es ratsam, die Maklercourtage ausdrücklich als Vertragsverpflichtung des Käufers zu erwähnen, auch wenn diese den Vertragsgegenstandswert erhöht. Warum dies ansonsten unerwünscht ist, erkläre ich noch weiter unten.

Bei dieser Konstruktion haftet auch der Käufer, der aufgrund Vorkaufsrechts erwirbt für Ihre Maklercourtage.

**Merke: Maklercourtage der Höhe nach im Kaufvertrag verankern, wenn der Mieter ein Vorkaufsrecht hat.**

## Finanzierungsklausel

Eine regelmäßig vom Normalbürger nicht zu verstehende Vertragsbestimmung ist die sogenannte *Finanzierungsklausel.* Diese ist aus einem bestimmtem Grund im Vertrag:

Falls der Kauf finanziert wird, benötigt der Käufer, wie bereits erwähnt eine Grundschuld für dessen Bank.

Diese muss aber noch vor Besitzübergang, sogar noch vor Geldzahlung erfolgen. Denn die Bank gibt den Kaufpreis natürlich nur aus der Hand, wenn sie ein Pfand hierfür hat. Und zwar so viel Pfand wie möglich.

Der Verkäufer muss dem Käufer also erst einmal erlauben, dass er die Grundschuld auf dem jetzt noch dem Verkäufer gehörenden Grundstück bestellt. Es muss allerdings zu seiner Sicherheit auch festgelegt sein, dass die Bank nur an den Verkäufer ausbezahlt und nicht etwa an den Käufer und sich dieser mit dem Geld aus dem Staub macht.

Die Bank muss sich außerdem verpflichten, die Grundschuld frühestens dann zu benutzen, wenn sie den Kaufpreis an den Verkäufer bezahlt hat.

Jeder Notar hat hierfür seine eigenen Lieblingsformulierungen, die jedoch allesamt das besagen, was ich eben beschrieben habe. Die Finanzierungsklausel ist meistens der am schwierigsten zu verstehende Teil des Vertrages. Wenn man sich jedoch einmal vergegenwärtigt hat, was sie bedeutet, verliert die Klausel ihren Schrecken. Im Grunde ist sie dem Käufer und Verkäufer so ganz einfach zu erklären.

## Besondere Regelung im Versicherungsvertragsgesetz

Der Vollständigkeit halber weise ich noch darauf hin, dass der Käufer einer ganzen Immobilie (nicht jedoch beim Wohnungskauf) ein Sonderkündigungsrecht von einem Monat nach Eigentumsübergang für alle mit der Immobilie zusammenhängenden Versicherungen hat.

Der sollte also alle Versicherungsverträge einmal prüfen (lassen), ob diese noch zeitgemäß sind. Weisen Sie ihn darauf hin, er wird sich über die Info freuen.

Er hat ansonsten so viele Pflichten aus dem Kaufvertrag, dass er sich über ein paar Rechte ganz besonders freuen wird.

## Besitzübergabe

Was hat es nun mit dieser Besitzübergabe auf sich? Alleine die Schlüsselübergabe kann damit nicht gemeint sein, da wir ja gerade gelernt haben, dass man die Schlüssel schon vor der Besitzübergabe übertragen kann.

Die Besitzübergabe ist vielmehr der Zeitpunkt, in dem Nutzen, Lasten und Gefahr für den Vertragsgegenstand übergehen. Das **kann** auch die Schlüsselübergabe sein, muss aber nicht, vor allem dann, wenn eine Anzahlung geleistet wurde, gegen die der Käufer die Schlüssel erhalten hat.

Gemeint ist mit Besitzübergang der Zeitpunkt, zu dem Verkäufer und Käufer vereinbaren, dass der Käufer den Vertragsgegenstand als sein Eigenes anfassen kann. Das Eigentum geht ja eigentlich erst mit der Umtragung im Grundbuch über, das merkt man aber gar nicht. Man sieht es erst an der Eintragungsnachricht, die man irgendwann vom Grundbuchamt übersandt bekommt.

Ab dem *Besitzübergabezeitpunkt* muss der Käufer Steuern und Hausgelder bezahlen, ab da bekommt er bei vermieteten Objekten die Mietzahlungen, kann umbauen, einziehen, eben alles machen, was er mit seinem „Eigentum" tun darf und auch will.

Ganz grob lässt sich die Besitzübergabe also als denjenigen Zeitpunkt kennzeichnen, ab dem der Käufer das Objekt als sein eigenes ansehen darf.

**Merke:** **Besitzübergang**

**=**

**Übergang von Rechten und Pflichten**

Ab diesem Zeitpunkt muss er sich mich allerdings auch mit dem Finanzamt, der Wohnungseigentümerversammlung, den Nachbarn, Vandalismus am Gebäude und so weiter und so weiter, beschäftigen.

Sobald der Besitz übergeben wurde ist der Rest, nämlich die Eigentumsumschreibung nur noch eine reine Formalie.

## Eigentumsübergang

Die *Eigentumsumschreibung* im Grundbuch erfordert jedoch mehrere (formelle) Voraussetzungen:

Zunächst muss der Kaufpreis gezahlt sein, ansonsten will der Verkäufer das Eigentum natürlich nicht auf den Käufer übertragen – das wäre auch ganz schön dumm von ihm.

Dann, wenn der Kaufpreis bezahlt ist, müssen die Parteien übereinstimmend erklären, dass das Eigentum nun im Grundbuch umgeschrieben werden soll. Diese Erklärung muss zwar auch notariell beurkundet werden, jedoch ist im Kaufvertrag eigentlich immer eine Vollmacht für Mitarbeiter des Notars enthalten, so dass diese Erklärung abgegeben werden kann, ohne dass die Parteien persönlich anwesend sein müssen. In den nördlichen Bundesländern (siehe oben „Norddeutschland") wird diese Erklärung sogar bereits beim Kaufvertragsschluss abgegeben. Diese Erklärung nennt sich *Auflassung*.

Nun würde der Eintragung der Umschreibung im Grundbuch eigentlich nichts mehr im Wege stehen, wenn der Staat sich nicht unglaublich geschickt abgesichert hätte, dass er auch bei jedem Kauf zeitnah seine Grunderwerbsteuer (noch einmal: nicht zu verwechseln mit der Grundsteuer, die jedes Jahr aufs Neue entrichtet werden muss) bezahlt bekommt.

Der Käufer benötigt deshalb nämlich als drittes Element noch die sogenannte *Unbedenklichkeitsbescheinigung des Finanzamts.*

Diese ist lediglich der Nachweis, dass die Grunderwerbsteuer auch bezahlt wurde.

Das Grundbuchamt darf die Umschreibung erst nach Vorliegen dieser Unbedenklichkeitsbescheinigung vornehmen. Und diese wird erst erteilt, wenn durch den Käufer die Grunderwerbsteuer entrichtet wurde.

Wer also die Grunderwerbsteuer nicht zahlt, kann auch niemals Eigentümer werden, dessen Immobilie wird niemals im Grundbuch umgeschrieben.

## Persönliche Abwesenheit bei Beurkundung

Grundsätzlich sollten alle Beteiligten gleichzeitig beim Beurkundungstermin des Kaufvertrages anwesend sein, so dass alle gleichzeitig auch das Selbe zu hören bekommen und auch noch letzte Fragen oder offene Punkte ausgeräumt werden können. Dies ist sinnvoll und ich bitte Sie, dies zu verinnerlichen.

Manchmal lässt es sich jedoch nicht vermeiden, dass einer der Beteiligten nicht anwesend sein kann. Dies kann auf ganz unterschiedlichen Gründen beruhen, so dass beispielsweise eine Person in Australien lebt, gerade im Krankenhaus ist oder sich beruflich im Ausland befindet.

Insbesondere bei schwer zu vermittelnden Objekten, bei denen man froh ist, dass man endlich einen Käufer gefunden hat, keimt dann regelmäßig in wohl jedem Ihrer Kollegen die Angst, dass der Kauf nicht zum Abschluss kommen wird, wenn auch noch auf die fehlende Person gewartet werden muss.

Und Sie wissen, dass genau in solchen Fällen immer eine wichtige Person – sei es Käufer oder Verkäufer – fehlt.

Sollten eine oder mehrere Personen also nicht beim Notartermin zugegen sein können, gibt es allerdings zwei Möglichkeiten, die Beurkundung dennoch vorzunehmen.

Zum einen kann einer der Beteiligten für den Fehlenden als sogenannter *Vollmachtsloser Vertreter* erscheinen. Diese Person gibt dann in Abwesenheit des Fehlenden dessen Erklärungen ab, als wäre er anwesend. Oft ist dies sogar der Makler, da er eine gewisse Neutralposition besetzt. Bieten Sie sich also einfach in solchen Fällen an, die eine oder andere Partei zu vertreten. Wenn Sie ohnehin zum Beurkundungstermin mitgehen wollten, ist dies nicht einmal Mehraufwand.

Der Fehlende muss dann hinterher den Vertrag, nachgenehmigen. Er sollte den Vertrag also lesen, kontrollieren, ob er all das, was der Vertreter (im Zweifel also Sie) für ihn erklärt hat, auch selbst so erklären würde.

Dann kann er bei einem Notar seiner Wahl, nämlich an seinem Wohnort oder sogar in Australien beim Deutschen Konsulat, die sogenannte *Genehmigungserklärung* abgeben. Diese Genehmigungserklärung ist im Gegensatz zur Kaufvertragsbeurkundung, bei der der gesamte Vertrag verlesen werden muss, eine Angelegenheit von Sekunden.

Die Genehmigung muss nicht vorgelesen, sondern nur vor einem Notar unterschrieben („beglaubigt" s.o.) werden, was gewisse Risiken birgt. Der Genehmigende hat den Vertrag dann nämlich nie vorgelesen bekommen und sollte diesen tatsächlich genau geprüft haben. Unterschrieben ist unterschrieben (Näheres dazu weiter unten im Kapitel „Rücktritt").

Die andere Möglichkeit wäre, dass Käufer oder Verkäufer dem jeweils anderen Beteiligten den Kauf anbieten (notariell beurkundungspflichtig) und der andere Part dieses Angebot bei seinem Notar annimmt (ebenfalls notariell beurkundungspflichtig). Diese Lösung von Angebot und Annahme hat vor allem einen finanziellen Vorteil da hierdurch keine zusätzlichen Gebühren für die notarielle Beglaubigung der Genehmigungserklärung anfallen.

Es besteht ferner die Möglichkeit, im Ausland, bei einem einheimischen Notar die Genehmigungserklärung abzugeben. Jedoch vertraut der Deutsche Staat nur den Ländern Dänemark, Frankreich, Italien und Österreich uneingeschränkt.

Dies bedeutet, dass nur deren Urkunden ohne weiteres als echt anerkannt werden. Das rührt daher, dass der Beruf in jedem Land unterschiedlich ausgestaltet ist, teilweise sogar innerhalb der einzelnen Staaten, so zum Beispiel der Schweiz. Ein Deutsches Grundbuchamt weiß deshalb nie genau, ob der im fernen Ausland die Unterschrift beglaubigende Notar nur ein besserer Medizinmann ist oder einfach nur der einzige im Ort, der des Lesens und Schreibens mächtig oder tatsächlich ein mit unseren Standards vergleichbarer Notar ist.

Für alle Länder, die nicht oben aufgezählt wurden, benötigt man eine Überbeglaubigung der Unterschrift, eine sogenannte *Apostille* oder gar *Legalisation*. Dies ist in allen Ländern unterschiedlich.

## Die übliche Abwicklung

Erfahrene Grundstücksverkäufer und –käufer können theoretisch die Abwicklung des Kaufvertrages selbst übernehmen. Dies ist allerdings nicht ganz einfach und auch risikobehaftet.

Sicherer ist es, den Notar den Vertrag abwickeln zu lassen. Dies kostet ein wenig mehr, jedoch haben die Parteien dann auch jemanden, der für seine eigenen Fehler bei der Abwicklung haftet und dafür auch versichert ist.

Es muss überprüft werden, wann die ganzen Voraussetzungen für die Kaufpreiszahlung (Auflassungsvormerkung, Vorkaufsrecht der Gemeinde, Löschungsunterlagen der Banken, Genehmigungserklärungen, Verwalterzustimmung etc.) vorliegen.

Dann muss nach Zahlung dic Auflassung erklärt werden und vor deren Einreichung beim Grundbuchamt auch geprüft sein, ob die Grunderwerbsteuer bezahlt wurde.

Falls der Käufer den Vollzug selbst vornehmen will, ist dies sicherlich möglich, ich möchte jedoch in keinem Falle dazu raten. Das Risiko ist hoch! Sie sehen, dass ich den vorigen Satz mit einem Ausrufezeichen habe enden lassen. Zählen Sie die Ausrufezeichen in diesem Buch und machen Sie sich selbst einen Reim darauf, wie ernst ich es mit dem Risiko meine.

Allzu schnell hat man als Laie etwas übersehen und macht sich dann gegenüber dem Verkäufer schadenersatzpflichtig. Das muss nicht sein. Hier am falschen Ende zu sparen halte ich für grundverkehrt.

## Legale Spartricks

Sie können weitere Pluspunkte beim Käufer ergattern, wenn Sie ihm sein ganzes Sparpotential aufzeigen, das sich ihm bietet.

Ich habe ja im Laufe dieses Buches schon von diversen vermeintlichen Spartricks abgeraten. Auch wenn einem von der Verwandtschaft oder von Freunden zur einen oder anderen Sparmaßnahme geraten wird, bitte ich Sie, an folgendes zu denken. Diese Personen mit den guten Ratschlägen, sind die letzten, die einen Schaden bezahlen, der aus ihrem Spartrick resultiert. Das bleibt am Käufer, also Ihrem Kunden hängen.

Es gibt jedoch zulässige Möglichkeiten, insbesondere Möglichkeiten ganz legal und risikoarm Steuern zu sparen.

### Grunderwerbsteuer

Lassen wir uns einmal das Wort „Grunderwerbsteuer" auf der Zunge zergehen. Es ist die Steuer, die auf den Grunderwerb erhoben wird. Andersherum formuliert bedeutet dies, dass alles, was nicht Grund ist, auch nicht grunderwerbsteuerpflichtig ist. Nur der Kaufpreis, der auf die Immobilie entfällt, muss versteuert werden, nicht jedoch der auf das Mobiliar entfallende.

In aller Regel kauft man jedoch nicht das nackte Grundstück und das nackte Haus bzw. die nackte Wohnung, sondern die Immobilie mit diversem Zubehör.

Ich werde die gängigsten mit verkauften Mobiliare einmal in der Folge aufzählen.

Im Kaufvertrag muss dieses Mobiliar aufgelistet und bewertet sein, so dass der Finanzbeamte auch weiß, dass nicht der gesamte Kaufpreis der Grunderwerbsteuer unterliegt, sondern nur der Teil, welcher nicht vom Mobiliar gedeckt ist. Der Beamte kann schließlich nicht wissen, wie viel Mobiliar mit verkauft ist. er muss erst einmal davon ausgehen, dass der gesamte Kaufpreis der Grunderwerbsteuer unterliegt.

Die landläufige Definition von Mobiliar erinnert mehr an alte Schränke und Kommoden aus Omas Zeiten. Mobiliar ist jedoch viel mehr:

**Heizöl**

Wenn es einen Heizöltank gibt, ist sicherlich noch ein Heizölrest enthalten, der wohl immer mit verkauft wird. Dieses Heizöl gehört für das Finanzamt nicht zur Immobilie und ist somit nicht steuerpflichtig. Der Wert des Öls ist deshalb im Kaufvertrag gesondert anzugeben.

**Instandhaltungsrücklage**

Falls eine Wohnung gekauft wird, gibt es in aller Regel eine Wohnungseigentümergemeinschaft, kurz WEG. Diese Gemeinschaften beschließen meistens auch Rücklagen für in der Zukunft liegende Reparaturen. Wenn man solche Rücklagen nicht bildet, kann bei einem Mehrparteienhaus schnell ein großer Betrag auf einmal zur Zahlung fällig werden, wenn beispielsweise das Dach neu gedeckt werden muss und jeder Wohnungseigentümer sofort seinen ganzen Anteil zahlen muss. Deshalb sind derartige Rücklagen immer sinnvoll.

Der auf die Wohnung entfallende angesparte Betrag gehört zwar nicht dem Verkäufer, sondern der Wohnungseigentümergemeinschaft. Er kann diese beim Verkauf auch nicht einfach von der WEG zurückfordern.

Das Finanzamt sieht das allerdings nicht so eng und lässt die anteilige Instandhaltungsrücklage als grunderwerbsteuerminderndes Mobiliar zu.

Der anteilige Wert der Rücklage ist deshalb im Kaufvertrag anzugeben. Lassen Sie den Verkäufer rechtzeitig nach der anteiligen Instandhaltungsrücklage fragen.

Alles, was Sie vorher wissen, müssen Sie nicht auf die Schnelle kurz vor dem Beurkundungstermin erforschen.

**Einbauküche**

Das klassischste, im Kaufvertrag separat ausgewiesene Mobiliar ist die Einbauküche. Ich benutze allerdings ungerne den Ausdruck „Einbau-". Denn grundsätzlich ist alles, was fest eingebaut ist, Bestandteil des Grundstücks, also Bestandteil der Immobilie, gehört also zum Grund und Boden. Streng genommen wäre die Küche also Teil der Immobilie und damit grunderwerbsteuerpflichtig.

Nichts desto trotz sehen die Finanzämter auch dies regelmäßig nicht so eng und lassen auch Einbauküchen als grunderwerbsteuermindernde Mobiliar zu. Der Wert der Küche ist deshalb im Kaufvertrag anzugeben, und zwar in der Höhe, was es kosten würde, eine solche Küche im aktuellen Zustand anzuschaffen.

**Sonstiges Mobiliar**

Es gibt eigentlich nichts, was nicht alles mit der Immobilie mit verkauft wird. Zu denken ist an Gartenhäuser, Lampen, Vorhangstangen, Rasenmäher, Schränke, Kommoden, nicht fest eingebaute Saunen, Springbrunnen, Versprechen, den Garten in Schuss zu halten und was es nicht sonst noch alles gibt. Im Grunde alles, was nicht niet- und nagelfest ist.

Wenn konsequent sämtliches Mobiliar aufgelistet wird, kommt ein nicht unbeträchtlicher Geldbetrag zusammen, aus dem der Käufer keine Grunderwerbsteuer bezahlen muss. Er wird Ihnen dafür sicherlich für jegliche Hinweise danken.

Erklären Sie dem Käufer, dass wenn er die Möglichkeiten nicht ausnutzt, er Steuern für etwas bezahlt, für das gar keine Steuern zu zahlen sind. Dies wäre eine unglaublich selbstlose, jedoch wenig intelligente Spende an den Staat. Eine für die er nicht einmal eine Spendenbescheinigung bekommt. Ich habe noch niemanden gesehen, der dem Staat eine solche Spende wissentlich gegeben hat.

## Maklergebühren in den Vertrag aufnehmen

Nun noch ein wichtiger Hinweis, mit dem Sie Ihren Kunden auch bares Geld sparen.

Viele Makler wollen selbst im Kaufvertrag mit einer sogenannten *Maklerklausel* aufgenommen werden. Diese belegt wohl auch zuverlässig, dass der Makler die Immobilie vermittelt hat. Diese Klausel dürfte auch eine Beweiserleichterung für den Fall darstellen, dass ein Kunde einmal nicht bezahlen möchte.

Hiergegen ist auch absolut nichts einzuwenden, jedoch müssen Sie aufpassen, dass diese Klausel auch richtig formuliert ist. Viele Ihrer Kollegen wissen gar nicht, was sie ihren Käufern mit falschen Maklerklauseln antun.

Taucht nämlich der Betrag der vereinbarten Provision im Vertrag auf (und ist es nur die Bezeichnung der Prozentzahlen, z.B. 4,64 % brutto), so erhöht sich der Wert des Vertragsgegenstandes um ebendiesen Betrag.

Die Notargebühren werden aus dem Vertragsgegenstand berechnet, so dass durch eine solche falsch formulierte Maklerklausel schlagartig mehr Notargebühren anfallen.

Außer in dem oben genannten Fall, in dem zu befürchten ist, dass ein Vorkaufsberechtigter kauft und Sie hinterher leer ausgehen, sollten Sie also auf eine genaue Bezeichnung der Gebühren verzichten.

Ein Formulierungsvorschlag wäre:

> *„Dieser Vertrag kam durch den Nachweis und die Vermittlung der Max Muster Immobilien GmbH zustande. Es sind die außerhalb dieser Urkunde vereinbarten Provisionen zu entrichten."*

Sollten Sie dennoch auf eine den Gegenstandswert erhöhende Klausel bestehen, wäre es fair, wenn Sie die erhöhten Notargebühren (natürlich nur den Erhöhungsbetrag) übernehmen. Das liegt aber ganz bei Ihnen.

Fragen Sie deshalb den beurkundenden Notar, ob sich die konkrete Maklerklausel gebührenerhöhend auswirkt.

## Der Wohnungskauf

Eine Spezialität stellt – juristisch gesehen – der Wohnungs- oder Teileigentumskauf dar. Teileigentum sind Räume, die nicht zu Wohnzwecken dienen, wie einzelne Keller oder Einzelgaragen, können aber auch nichteingefriedete Tiefgaragen-Stellplätze sein. Wohnungseigentum erklärt sich von selbst.

Was nunmehr für die Wohnung folgt, gilt genauso für das Teileigentum. Ich verzichte lediglich aus Übersichtlichkeitsgründen auf die jeweilige Nennung beider Eigentumstypen. Im Grunde gilt das Folgende auch für Reihenhäuser oder Doppelhaushälften, wobei es da jedoch darauf ankommt, wie der Bauherr den Bau juristisch ausgestaltet hat. Hier hilft ein Blick ins Grundbuch.

Wenn also eine Wohnung zum Verkauf steht, so ist diese immer nur ein Teil des Hauses. Klingt logisch. Das Haus ist also vorher schon einmal in Wohnungseigentum aufgeteilt worden. Jeder Wohnungseigentümer hat einen gewissen Miteigentumsanteil an dem gesamten Haus, z.B. 70/1.000. Das bedeutet, dass er 7 % der gesamten für das Gebäude und Grundstück anfallenden Steuern und Kosten bezahlen muss. Er hat aber auch 7 % der Stimmen bei der Wohnungseigentümerversammlung.

Die Parteien sind also im Gegensatz zu Eigentümern eines Einfamilienhauses nur im Verhältnis Ihrer Miteigentumsanteile berechtigt, müssen sich also, wenn Sie am Haus etwas ändern wollen, immer mit den übrigen Wohnungseigentümern, also der WEG absprechen.

Wenn eine Wohnung gekauft wird, kauft der Erwerber also immer erst einmal die Miteigentumsanteile an dem Haus. Diese Miteigentumsanteile sind jedoch mit der zu erwerbenden Wohnung verbunden (siehe Bestandsverzeichnis des Mustergrundbuches auf S. 19).

Beim Wohnungskauf müssen alle die Versicherungen anteilig bezahlen, die die WEG abgeschlossen hat, die von der WEG beschlossenen Hausgelder entrichten und sich auch sonst an deren Beschlüsse halten.

Man hat als Wohnungseigentümer also deutlich weniger Freiheiten, als ein Hauseigentümer. Man hat allerdings auch nur anteilige Pflichten.

## Pflichtenübernahme

Diese Pflichten sollten beim Kauf bekannt sein. Fordern Sie deshalb beim Verkäufer die letzten WEG-Versammlungsprotokolle an, damit der Käufer prüfen kann, was denn so alles beschlossen wurde. Manchmal wird nämlich eine sogenannte Sonderumlage für Renovierungen beschlossen. Dies stellt eine Zusatzbelastung für jeden einzelnen Wohnungseigentümer dar. Falls Ihr Käufer dies erst spät erfährt, ist er hierüber sicherlich nicht sehr amused, wie die Queen sagen würde.

Zusätzlich zum monatlichen Hausgeld muss dann ein oft ganz erheblicher Betrag für die Renovierung zusätzlich aufgewendet werden. Untersuchen Sie also die Beschlüsse der WEG hinsichtlich solcher Beschlüsse.

## Rücklagen

Jedes Haus muss über kurz oder lang renoviert werden. Dies beginnt mit kleineren Reparaturen, welche von Jahr zu Jahr mit dem weitergehenden Verfall des Gebäudes zwangsläufig größer werden. Öltanks haben wie Dächer nur eine gewisse Lebensdauer (Flachdächer sogar besonders kurze). Für solche Renovierungen ist es sinnvoll, Rücklagen zu bilden, was die WEG auch regelmäßig wahrnimmt.

Es gilt deshalb zu prüfen, ob derartige Rücklagen bestehen, wie hoch diese sind und auch ob der Verkäufer seine Anteile immer brav bezahlt hat und nicht etwa noch Raten zur Zahlung offen sind. Auch so etwas kommt ab und zu vor. Die offenen Raten müsste der Käufer als neuer Eigentümer übernehmen und dies gilt es selbstverständlich zu vermeiden. Sollten Rückstände bestehen, wird sich der Käufer zuerst bei Ihnen beschweren, warum Sie ihm dies nicht gesagt haben.

## Wirtschaftsplan

Lassen Sie sich den Wirtschaftsplan für das aktuelle und kommende Jahr aushändigen, damit Sie dem Käufer einen Überblick über die für das Kalenderjahr zu erwartenden Einnahmen und Ausgaben bei der Verwaltung des gemeinschaftlichen Eigentums verschaffen können.

Geben Sie diese Unterlagen an Interessenten weiter, so Sie denn dazu befugt sind (einfach den Verkäufer fragen). Sie müssen allerdings nicht gleich ins Exposé aufgenommen werden.

## Was absolut verboten ist

Es gibt beliebte Spielarten des Betruges, wenn es um Immobilienkäufe geht.

Hierzu gehört zum einen der Versuch der Umgehung des Maklers und die Prellung des Maklers um dessen Maklergebühren. Das wäre ausgesprochen ärgerlich und ist natürlich nicht zulässig – gelegentlich sogar strafbar. Versucht wird es allerdings immer wieder. Insbesondere wenn ein Käufer erst abspringt und Monate später dann doch kauft.

Es schadet deshalb nie, auch nach Monaten, nachdem man ein Objekt nicht mehr im Angebot hat und dieses nicht über Sie verkauft wurde, dort vorbeizufahren und einmal auf das Klingelschild zu schielen. Möglicherweise wohnt da nunmehr Ihr Interessent.

Außerdem wird auch häufig versucht, Gebühren zu sparen. Käufer und Verkäufer vereinbaren heimlich außerhalb des Vertrages einen höheren Kaufpreis, als denjenigen, den sie beim Notar angeben. Hierdurch sollen Teile der Notargebühren gespart werden, da diese sich ja, wie bereits gesagt, nach dem Gegenstandswert richten. Und wenn der Notar einen niedrigeren Gegenstandswert annimmt, werden die Kosten selbstverständlich gesenkt.

Hierzu kann ich jedoch nicht raten. Zum einen ist auch dieses Procedere strafbar, zum anderen macht man sich als Mittäter für die Ewigkeit gegenüber dem anderen Vertragspartner erpressbar. Schließlich ist der ganze

Kaufvertrag dann unwirksam, also nichtig. Er ist nur noch gut für die Altpapiertonne.

In Anbetracht des geringen gesparten Geldbetrages ergibt ein solches Risiko, das man sich selbst schafft, keinen Sinn.

Eine weitere Variante des Betruges ist das Angeben eines höheren Kaufpreises beim Notar, als derjenige, der tatsächlich bezahlt wird. Nun werden Sie sich fragen, warum jemand so etwas tun sollte.

Häufig ist es so, dass der Käufer eigentlich eine Gesamtfinanzierung bei der Bank benötigt, ihm diese aber nicht bewilligt werden würde, weil er für eine Finanzierungszusage der Bank mindestens 20 % Eigenkapital benötigt. Dieses hat der Käufer wie gesagt aber nicht.

Deshalb wird teilweise gegenüber der Bank ein um 20 % höherer Kaufpreis angegeben, welcher aber niemals bezahlt werden soll. Der Bank wird also vorgespiegelt, dass der Käufer über das Eigenkapital verfüge, was nicht zutrifft. Die Bank finanziert den Kaufpreis dann doch ohne dies zu wissen voll. Auch dies sollte niemals versucht werden.

## Rücktritt vom Vertrag

Die landläufige Meinung ist ja, dass man alles, was man kauft auch zurückgeben kann. Sagen Sie Ihrem Verkäufer, aber auch insbesondere dem Käufer, dass diese Auffassung, auch wenn sie der gesamte Stammtisch vertritt, nicht mit der aktuellen Rechtslage übereinstimmt.

Verträge sind nämlich grundsätzlich erst einmal zu erfüllen. Deshalb hat man ja einen Vertrag abgeschlossen, damit man Rechtssicherheit hat. Das gilt für sowohl für den Käufer, aber natürlich auch für den Verkäufer.

Der Verkäufer muss also, außer wenn Gegenteiliges im Kaufvertrag vereinbart wurde, keineswegs den Vertragsgegenstand zurücknehmen und dem Käufer das Geld zurückbezahlen, nur weil dieser es sich anders überlegt habt. Gleiches gilt wie gesagt für den Käufer.

Etwas anderes ist es natürlich, wenn der Vertragsgegenstand ganz erhebliche Mängel aufweist und eine Rückabwicklung des Vertrages aus diesem Grund erfolgt.

# Der Bauträgervertrag

Ein weiterer Spezialfall des Immobilienkaufvertrages ist der Bauträgervertrag, also der Kauf eines Neubaus vom Profi.

Wenn Sie also vom Bauträger zur Vermarktung der Neubauwohnungen oder Eigenheime angeheuert sind, sollten Sie sich insbesondere über die ganzen Eigenheiten informieren und sich natürlich mit den entsprechenden Exposés ausstaffieren lassen.

In derartigen Fällen ist außerdem einiges zu beachten.

## Besonderheiten im Vertrag

Ein Bauträgervertrag hat vertragliche Eigenheiten, die allesamt käuferfreundlich sind.

Da Sie ein neues Produkt vermakeln, hat der Käufer im Gegensatz zum Gebrauchtimmobilienkauf auch die vollen *Mängelhaftungsrechte*, die ihm verständlicherweise bei einem gebrauchten Objekt verwehrt bleiben.

Zwar haftet der Verkäufer für den Grund und Boden auch nur beschränkt, da er diesen ja auch nur gebraucht gekauft hat und nicht mehr versprechen will, als er auch tatsächlich halten kann.

Für den Neubau hat der Käufer jedoch die vollen Mängelhaftungsansprüche aus Werkvertrag, nämlich 5 Jahre ab Abnahme, also Übergabe der Wohnung. Lediglich auf Verschleißteile, wie Thermostate und Silikondichtungen etc. wird der Mängelhaftungszeitraum in der Regel auf 2 Jahre verkürzt.

Dies ist ein unschlagbarer Vorteil einer neuen Immobilie – sie ist neu und damit wohl weniger anfällig. Dennoch sind des Öfteren noch Nacharbeiten der Handwerker nötig, auch wenn die Immobilie längst übergeben wurde. Die Nacharbeiten kosten jedoch regelmäßig nichts.

Im Vertrag können auch sogenannte *Eigenleistungen* vereinbart werden, die den Kaufpreis mindern, den Käufer jedoch zum selbst tätig werden verpflichtet.

Sollten Sonderwünsche bestehen, z.B. ein anderer Bodenbelag, als den in der Baubeschreibung erfassten, so ist dies in aller Regel auch möglich, jedoch ist dies auch im Vertrag anzugeben.

Checken Sie zusammen mit dem Käufer vorab dessen Sonderwünsche und vergleichen Sie diese mit der Baubeschreibung und besprechen diese insbesondere mit dem Bauträger.

## Gefahren und Sicherheitsmechanismen

Es vergeht eigentlich keine Woche, in der auf den einschlägigen Fernsehsendern nicht Berichte gesendet werden, in denen sich junge Ehepaare, vor ihrer Bauruine schluchzend, gefilmt werden und sich im Laufe der „Reportage“ herausstellt, dass der Bauträger pleite gegangen sei, man jedoch schon alles bezahlt habe und man nun kein Geld habe, die Ruine fertigzubauen.

Das muss nicht sein und diese Angst gilt es dem Käufer zu nehmen. erklären Sie ihm deshalb ausführlich die zur Verfügung stehenden Sicherungsmechanismen. Denn eigentlich gibt es gegen das Insolvenzrisiko des Bauträgers solche Absicherungen:

Der Kaufpreis wird immer nur für jeden einzelnen Bauabschnitt nachträglich fällig. Dies regelt die *Makler- und Bauträgerverordnung*, kurz MaBV in deren § 3 Abs. 2. Danach sind folgende Zahlungen fällig:

- 30 % nach Beginn der Erdarbeiten,
- 28 % nach Rohbaufertigstellung, einschließlich Zimmererarbeiten,
- 5,6 % für die Herstellung der Dachflächen und Dachrinnen,
- 2,1 % für die Rohinstallation der Heizungsanlagen,
- 2,1 % für die Rohinstallation der Sanitäranlagen,
- 2,1 % für die Rohinstallation der Elektroanlagen,
- 7 % für den Fenstereinbau, einschließlich der Verglasung,
- 4,2 % für den Innenputz, ausgenommen Beiputzarbeiten
- 2,1 % für den Estrich,
- 2,8 % für die Fliesenarbeiten im Sanitärbereich,
- 8,4 % nach Bezugsfertigkeit und Zug um Zug gegen Besitzübergabe,

- 2,1 % für die Fassadenarbeiten,

- 3,5 % nach vollständiger Fertigstellung.

Der Käufer zahlt also immer nur so viel, wie auch schon tatsächlich gebaut wurde. Statt der ersten Rate (30 %) müssen außerdem erst einmal nur 25 % Prozent bezahlt werden, es sei denn der Bauträger gibt dem Käufer eine Bankbürgschaft darüber, dass er nach Fertigstellung noch 5 % des Kaufpreises parat hat für etwaige Mängelbeseitigung.

Also entweder bekommt der Käufer eine Bürgschaft über 5 % oder er darf 5 % des Kaufpreises bis zur endgültigen Abrechnung einbehalten.

Zeigen Sie dem Kunden diese Aufstellung im Detail und er wird seine Sorgen verlieren.

Hat der Bauträger eine Grundschuld auf dem Grundstück eintragen lassen, da er den Kauf selbst erst finanzieren musste, muss außerdem sichergestellt sein, dass diese aus dem Grundbuch verschwindet.

Hierzu gibt es zwei gesetzlich vorgesehene Szenarien:

1. Wenn das Bauvorhaben vollendet wird, muss die Löschung unverzüglich nach Zahlung der geschuldeten Vertragssumme erfolgen.
2. Wird das Objekt nicht fertiggestellt, weil der Bauträger beispielsweise mitten im Bau pleitegeht, muss die Löschung unverzüglich nach Zahlung des dem erreichten Bautenstand entsprechenden Teils der geschuldeten Vertragssumme durch den Käufer erfolgen.

Für den Fall, dass das Bauvorhaben nicht vollendet wird, kann sich der Kreditgeber allerdings vorbehalten, an Stelle der Löschung die bisher bezahlten Raten zurückzuzahlen.

Im Endeffekt bekommt der Käufer das Haus dann also fertiggebaut oder sein Geld, allerdings unverzinst, zurück. Hierdurch soll der Käufer davor geschützt werden, dass er eines Tages schluchzend vor seiner Bauruine steht.

Der Käufer muss deshalb von der im Grundbuch eingetragenen Bank des Verkäufers eine Freistellungserklärung für die eingetragenen Grundschuld(en) bekommen. Vorher wird selbst die erste Rate nicht zur Zahlung fällig.

Erklären Sie dies dem Käufer und er wird auch diesbezüglich ruhig schlafen können.

## Auf in den Kampf

Sie haben es geschafft! Nunmehr dürften Sie über die wesentliche Informationen zum Immobilienkauf verfügen, nach denen Sie Ihre Kunden fragen könnten.

Sie werden sehen, dass diese besonderes Vertrauen in Sie entwickeln werden, wenn sie in ihrem Immobilienmakler einen zuverlässigen Ansprechpartner sehen.

Vergessen Sie nicht, dass viele Käufer, aber auch die Verkäufer, wenig bis gar keine Erfahrung im Immobilienbereich haben und auf seriöse Hilfe angewiesen sind. Wenn Sie also mit dem vermittelten Wissen bei den Kunden punkten können, werden sich diese bei Ihnen gut aufgehoben fühlen und Sie auch weiterempfehlen.

Denken Sie jedoch daran, dass sich Ihre Kunden in Problemfällen stets an einen Spezialisten wenden sollten.

Es bleibt mir nun nur noch, Ihnen viel Erfolg für Ihre Tätigkeit als Immobilienmakler zu wünschen und hoffe auf viele Kaufverträge!

Vielleicht sehen wir uns ja einmal.

# Index

Notizen:

Notizen:

Notizen:

Notizen:

Zeitfracht Medien GmbH
Ferdinand-Jühlke-Straße 7
99095 Erfurt, Deutschland
produktsicherheit@kolibri360.de